AF460262

MEUBLES ET SIÈGES

ANCIENS

BEAUX MEUBLES DE STYLE

MANUSCRIT DU XIIe SIÈCLE

TABLEAUX ANCIENS

Esquisse par VAN ARTOIS, avec figures de RUBENS

TAPISSERIES

ÉTOFFES ANCIENNES

VENTE

HOTEL DROUOT, SALLE N° 11

LE VENDREDI 31 MAI 1912

A DEUX HEURES PRÉCISES

Me RENÉ LYON	M. H. LEROUX
COMMISSAIRE-PRISEUR	EXPERT
29, rue Le Peletier	8, place de la Concorde

EXPOSITION PUBLIQUE

Le Jeudi 30 Mai 1912, de 2 heures à 6 heures

CONDITIONS DE LA VENTE

Elle sera faite au comptant.

Les adjudicataires paieront *dix pour cent* en sus des enchères.

L'exposition mettant le public à même de se rendre compte de l'état et de la nature des objets, il ne sera admis aucune réclamation une fois l'adjudication prononcée.

Paris. — Imp. de l'Art, Ch. Berger, 41, rue de la Victoire.

DÉSIGNATION

CURIOSITÉS, OBJETS D'ART

1 — Manuscrit du XIIe siècle. Poésies d'Hildebert de Lavardin, évêque du Mans, et poésies diverses. 22 ff., reliure basane avec ex-libris de Monteil.

2 — Paire de chenets en bronze. Époque Louis XVI.

3 — Paire d'appliques en bronze à plaquettes. Époque Louis XIV.

4 — Saint Joseph et l'Enfant Jésus. Groupe en bois sculpté du XVIe siècle.

5 — Pendule du Directoire en bronze doré, sur socle en marbre rouge.

6 — Paire de lampes en ancienne faïence de Delft, décor bleu, montées en bronze doré.

7 — Coffret en ancienne porcelaine de Capo di Monte.

8 — Statuette en bronze : le Chasseur, *édition Colin* ; socle en marbre rouge orné de bronzes ciselés et dorés.

9 — Buste en bronze doré : la Femme au pavot. *Édition Colin.*

10 — Lustre en bronze doré, de style Louis XVI.

11 — Autre lustre en bronze doré, de style Louis XVI.

12 — Lustre en fer forgé.

13 — Deux candélabres en bronze patiné et ciselé.

14 — Pendule et deux flambeaux en bronze argenté.

15 — Flambeau en bronze, à l'électricité : la Femme aux pavots. De la *Maison Colin.*

16 — Groupe en bronze : Bacchantes, d'après Clodion.

17 — Pendule, de style Louis XVI, en bronze doré, sur socle en marbre blanc.

18 — La Source. Bas-relief en bronze, d'après CLODION.

19 — Lampe, de style Louis XV, en bronze doré. De la *Maison Raingo*.

20 — Garniture de cheminée en bronze ciselé et doré, de style Louis XVI, composée d'une pendule et de deux candélabres à figures de femmes et enfants, d'après CLODION.

21 — Suspension de salle à manger en bronze. Style Renaissance. De la *Maison Raingo*.

22 — Jardinière en terre cuite, supportée par trois statuettes de femmes, par CARRIER-BELLEUSE.

23 — Fontaine en faïence émaillée bleu turquoise, décorée de figures en relief par Louis CARRIER-BELLEUSE.

24 — Paire de candélabres, de style Louis XIV, en bronze ciselé et doré.

25 — Baigneuse. Statuette en marbre de Carrare.

26 — Deux torchères persanes en cuivre gravé et repercé.

27 — Suspension d'antichambre, de style Renaissance.

28 — Galerie de foyer en bronze doré, de style Louis XIV.

29 — Galerie de foyer en bronze doré, de style Louis XVI.

30 — Paire de chenets en bronze doré, de style Louis XIV.

31 — Deux brûle-parfums en cuivre gravé et repercé. Travail persan.

32 — Paire de bras en bronze, de style Louis XV.

33 — Groupe en terre cuite : Faune et bacchante, d'après Clodion.

34 — Deux groupes en bronze : les Chevaux de Marly, d'après Coustou.

35 — Statuette en bronze : la Renommée, formant flambeau à l'électricité.

36 — Statue en terre cuite, par Mme Berteaux.

37 — Deux coupes, forme poissons, en porcelaine du Japon.

38 — Petite figurine en bronze : Saint Jean, et divinité en bronze japonais.

39 — Bol et sabot en porcelaine du Japon.

40 — Douze pièces: bas-reliefs, médaillons et médailles en bronzes.

41 — Coupe en ancienne porcelaine de Chine, décor bleu au dragon.

42 — Buste de femme en terre cuite ; socle marbre.

43 — Lustre, de style Louis XVI, en bronze et cristaux, à l'électricité.

44 — Paire de potiches en porcelaine de Chine, décor à personnages.

45 — Deux statuettes en grès émaillé de Chine.

46-47 — Sabre et poignard en morse sculpté. Travail japonais.

48 — Coupe ajourée en porcelaine de Dresde.

49 — Ménagère en porcelaine de Vienne.

50 — Lustre en bronze, de style Louis XV, à l'électricité.

51 — Garniture de cheminée, comprenant: une pendule en chêne sculpté ; deux statuettes en bronze et deux bougeoirs en chêne ornés de cuivres.

52 — Deux lampes en porcelaine décorée, à l'électricité.

53 — Deux boîtes à thé en porcelaine craquelée de la Chine.

54 — Plat en cuivre gravé. Travail persan.

55 — Buste de femme en bronze.

56 — Vase en faïence de Satzuma, avec couvercle en bois de fer, orné d'incrustations de nacre.

57 — Brûle-parfums en bronze japonais.

58 — Vase en bronze japonais, gravé et décoré en relief de fleurs et d'oiseaux.

59 — Buste en marbre : Jeune femme.

60 — Lustre, de style Louis XVI, en bronze et cristaux.

61 — Lanterne en bronze, de *Gagneau*.

62 — Jardinière ovale en émail cloisonné.

63 — Cassette, contenant deux fusils pour la chasse au gros gibier et leurs accessoires.

64 — Sabre. Époque de la Révolution.

65 — Deux épées Louis XV.

66 — Sabre de sapeur avec lame dos de scie.

67 — Vase à couvercle en bronze ciselé.

68 — Mandoline.

69 — Cabaret à liqueurs en cristal.

70 — Lot de porcelaines et flacons de toilette Empire.

71 — Lot de statuettes, médaillon, médailles et moulages en plâtre.

72 — Trois plats creux en ancienne faïence hispano-mauresque, à reflets métalliques.

73 — Assiette en faïence de Gubbio, à reflets métalliques.

74 — Quinze assiettes et soucoupes en ancienne porcelaine de l'Inde, de la Chine et du Japon. (Seront divisées.)

75 — Plat en ancienne faïence de Moustiers, décor à fleurettes.

76 — Plat en ancienne faïence de Savoie, décor : Personnage de la Comédie italienne.

77 — Plaque en ancienne faïence de Delft, décor à fleurs.

78 — Deux saladiers en faïence de Strasbourg.

79 — Deux plats en faïence de Marseille, décor à fleurs.

80 — Soupière en faïence, décor Marseille, à fleurs et personnages.

81 — Coupe en faïence de Milan.

82 — Groupe : oiseaux et fleurs en grès émaillé de la Chine.

83 — Assiette Louis XV en terre de pipe; assiette en Delft polychrome : la Vierge et l'Enfant.

84 — Trois plats en faïence de Rouen, Delft et Moustiers.

85 — Jardinière d'applique en faïence de Marseille, décor au Chinois. (Restaurée.)

86 — Quatre vitraux anciens.

87 — Deux assiettes en faïence de Nevers, décor bleu à personnages et oiseaux.

88 — Cinq assiettes en ancienne porcelaine de la Chine et du Japon, à décors polychromes.

89 — Plat creux en ancienne faïence d'Urbino.

90 — Deux plats en faïence de Delft, à fleurs polychromes.

91 — Saladier en faïence de Nevers.

92 — Tasse et soucoupe en cristal émaillé.

93 — Jardinière en cristal, montée en bronze.

94 — Deux statuettes en biscuit : Amour et Vénus pudique.

95 — Jardinière en biscuit : Gondole.

96 — Nécessaire de toilette en maroquin.

97 — Paire de flambeaux, de style Louis XV, en bronze ; un classeur, un encrier, de style Louis XV.

98 — Deux sucriers en porcelaine décorée à fleurettes.

99 — Boîte en émail cloisonné du Japon, décor d'oiseaux.

100 — Paire de vases en émail cloisonné fond turquoise, décor de fleurs.

101 — Soupière en faïence, décor Marseille : fleurs et figures.

102 — Paire de vases en porcelaine de Chine, décor à personnages.

103 — Paire de cornets en porcelaine de Chine, décor de fleurs et d'oiseaux.

104 — Deux boîtes en ivoire gravé. Travail chinois.

105 — Six figurines en morse et ivoire. Travail japonais.

106 — Lot de netzukés. (Sera divisé.)

107-108 — Deux groupes en porcelaine d'Allemagne.

109 — Paire de vases en émail lisse de la Chine.

110 — Boîte en émail lisse de la Chine.

111 — Neuf pièces : vases, coffrets, boîtes en porcelaine de Chine, et porcelaine décorée, (En mauvais état.)

112 — Jardinière en faïence, décor Rouen polychrome.

113 — Divinité ancienne en bois sculpté. Travail chinois.

114 — Six tasses et soucoupes en porcelaine de Chine, Kien-lung.

115 — Appareil téléphonique.

116 — Deux cadres dorés.

117 — Socle laqué blanc garni en peluche.

118 — Lot de pelles et pincettes, des styles Louis XV et Louis XVI.

119 — Lot de galeries et rinceaux en bronze.

120 — Coupe en porcelaine craquelée de la Chine, petite coupe en bronze avec armoiries.

121 — Boudha en bronze de la Chine ; deux figurines égyptiennes en bronze.

122 — Deux bols et une coupe en marbre, deux presse-papier, un thermomètre cristal, une coupe en bronze, un porte-bouquet bronze.

123 — Écrin, contenant une miniature sur ivoire : Portrait de femme.

124 — Sous ce numéro, seront vendus les objets omis au Catalogue.

MEUBLES ANCIENS
ET DE STYLE

125 — Bel ameublement de chambre à coucher, de style Louis XVI, composé d'une armoire à trois portes à glaces, un lit de milieu, une table de nuit et une table verre d'eau en marqueterie d'acajou et bois de rose, ornés de bronzes.

126 — Coiffeuse en marqueterie d'acajou et bois de rose, pouvant former également bureau de dame.

126 *bis* — Guéridon-bouillotte, de style Louis XVI, en marqueterie.

127 — Trois fauteuils Louis XVI sculptés et dorés, garnis en soie brochée; de même époque.

128 — Deux autres fauteuils Louis XVI, garnis en soie brochée.

129 — Deux encoignures de l'époque Louis XVI, laquées et dorées.

130 — Bahut flamand en chêne sculpté, orné d'incrustations d'ébène. Époque Louis XIII.

131 — Six fauteuils Louis XV, garnis en tapisserie à fleurs.

132 — Paravent, de style Louis XVI, sculpté et laqué, feuilles en soie brochée.

133 — Canapé, de style Louis XIV, garni en velours olive et tapisserie au petit point à personnages.

134 — Fauteuil, de style Louis XIV, recouvert en tapisserie au point.

135 — Ameublement de salon en bois sculpté et doré, de style Louis XV, composé d'un canapé, quatre fauteuils et quatre chaises, garnis en tapisserie d'Aubusson à fleurs.

136 — Lit de milieu en noyer sculpté, de style Henri II.

137 — Vitrine, de style Louis XV, en palissandre, décorée de panneaux au vernis Martin et ornée de bronzes.

138 — Bureau plat, de style Louis XV, en bois de violette, orné de bronzes.

139 — Important ameublement de salle à manger, de style Renaissance, en noyer sculpté, comprenant : un grand buffet à dressoir, une crédence, deux dressoirs, une table de milieu et onze chaises garnies en panne bleue.

140 — Décor de baie en panne bleue, ornée d'applications de galon.

141 — Petit guéridon, de style Louis XVI, en acajou, orné de cuivres.

142 — Bergère à oreilles, de style Louis XVI, en bois sculpté et doré, garni, en tapisserie au point.

143 — Bibliothèque tournante en acajou.

144 — Canapé, de style Louis XV, en noyer sculpté, recouvert en satin havane.

145 — Table de salon, de style Louis XV, en bois sculpté et doré.

146 — Console, de style Louis XVI, en bois sculpté et doré.

147 — Paravent en noyer sculpté, de style Loui XVI, feuilles en satin broché.

148 — Table à ouvrage, de style Louis XV, décorée au vernis Martin.

149 — Guéridon en acajou, de style Louis XVI.

150 — Table en noyer sculpté, de style Louis XVI.

151 — Deux chaises en noyer sculpté, de style Louis XIV, garnies en velours de Gênes.

152 — Bureau plat, de style Louis XV, en satiné, orné de bronzes.

153 — Canapé, garni en soie broché à fleurs.

154 — Deux supports vénitiens en noyer sculpté, à figures d'enfants.

155 — Trois portes en glaces.

156 — Pouf en velours, garni en étoffe imitation de tapisserie.

157 — Petite commode (jouet) en marqueterie de bois. Époque Louis XVI.

158 — Petit lit de repos (jouet) en bois sculpté et doré. Premier Empire.

159 — Petit bureau à cylindre (jouet).

160 — Glace cadre, doré. Époque Louis XVI.

161 — Jardinière sculptée et laquée blanc, de style Louis XVI.

162 — Glace, cadre doré, de style XVI.

163 — Glace médaillon, cadre doré.

TABLEAUX
DESSINS ET GRAVURES

164 — Van Artois et figures de Rubens : Romulus et Remus allaités par la louve. Esquisse du tableau figurant au Musée de Vienne.

165 — École française. La Leçon de musique.

166 — École française. Moutons.

167 — École française. Portrait de femme. Pastel.

168 — École française. Vaches au pâturage. Dessin gouaché.

169 — École hollandaise. Marine.

170 — Monnoyer (Jean-Baptiste). Fleurs.

171 — Monnoyer (Jean-Baptiste). Fleurs. Pendant du précédent.

172 — École française. Quatre grandes toiles décoratives : les Saisons.

173 — Dix gravures en couleurs. Epoque du Premier Empire. Les Mois de l'année.

174 — The Welcome Necos. Gravure en couleurs.

175 — Les Baigneuses. Gravure en noir.

176 — La Saison des amours. Gravure en noir.

177 — Deux sanguines : Sujets mythologiques.

178 — Le Courrier anglais. Gravure en couleurs, d'après H. Vernet.

179 — La Marche des officiers anglais. Gravure en couleurs, par le même.

180 — Le Jaloux en défaut. Gravure en couleurs.

181 — Honni soit qui mal y pense. Gravure en noir.

182 — Quatre gravures anciennes, d'après Chardin.

183 — Le Rendez-vous de chasse. Gravure en couleurs.

184 — La Courte-paille. Gravure en couleurs.

TAPISSERIES

ÉTOFFES ANCIENNES

TAPIS D'ORIENT

185 — Petit panneau au petit point : Esther devant Assuérus.

186 — Portière en tapisserie-verdure.

187 — Cinquante-cinq mètres de damas vert.

188 — Deux cantonnières en tapisserie d'Aubusson à fleurs.

189 — Châle en cachemire.

190 — Panneau décoratif en toile peinte, sujet : l'Escarpolette.

191 — Tapis ancien persan, fond crème, à fleurs polychromes. — 6 mètres sur 4 mètres.

192 — Tapis ancien persan, fond crème, fleurs et ornements multicolores. — 5 mètres sur 4 mètres.

193 — Tapis de Smyrne, fond rouge, à médaillons et coins fond bleu. — 5 mètres sur 4 mètres.

194 — Tapis de Smyrne, fond vert clair, dessins et bordures polychromes. — 3 m. 80 cent. sur 2 m. 70 cent.

195 — Deux coussins garnis en soie brochée. Louis XIV.

196 — Deux coussins en soie brochée. Louis XV

197 — Coussin en velours, avec bande brochée soie.

ARGENTERIE, BIJOUX

198 — Face à main en or ciselé.

199 — Épingle de cravate en or.

200 — Flaconnier en cristal; monture en argent, de style Empire.

201 — Boîte à allumettes en argent, de style Louis XV.

202 — Paire de flambeaux en argent, de style Louis XVI.

www.ingramcontent.com/pod-product-compliance
Ingram Content Group UK Ltd.
Pitfield, Milton Keynes, MK11 3LW, UK
UKHW020541180726
13839UKWH00006B/2641